글 유다정

대학에서 국문학을 전공하고, 어린이책 작가교실에서 어린이책에 대해 공부했습니다.
2005년 창비 좋은어린이책 기획부문 대상을 받았습니다.
지은 책으로 《발명, 신화를 만나다》, 《곰돌이 공》, 《동에번쩍》, 《맹꽁맹꽁》, 《별 하나 꽁꽁》 등이 있습니다.

그림 정문주

1965년 서울에서 태어나 현재 일산에 살고 있습니다.
큰 창이 있는 집에서 그림 그리는 것을 좋아합니다. 다락방에서 빗소리 듣기, 배 깔고 누워 책 읽기,
집이 작아진 식물에게 큰 집 마련해 주기를 잘합니다.
그린 책으로 《털뭉치》, 《셋 둘 하나》, 《나무 잎사귀 뒤쪽 마을》, 《바보 1단》 등이 있습니다.

우리 문화 속 수수께끼 02

터줏대감

초판 1쇄 발행일 2008년 8월 15일
초판 6쇄 발행일 2020년 3월 3일

글 유다정
그림 정문주

펴낸이 유성권
편집장 심윤희
책임편집 송지현, 이미정
마케팅·홍보 김선우, 김민석, 박희준, 김민지, 김애정
제작·관리 김성훈, 박혜민, 장재균
북디자인 我tom
표지디자인 콘셉트 안지미
인쇄 영림인쇄
펴낸곳 (주)이퍼블릭
출판등록 1970년 7월 28일(제1-170호)
주소 서울시 양천구 목동서로 211 범문빌딩
전화 02-2651-6121 | 팩스 02-2651-6136
홈페이지 www.safaribook.co.kr | 카페 cafe.naver.com/safaribook
블로그 blog.naver.com/safaribooks | 페이스북 www.facebook.com/safaribooks

ⓒ 유다정, 정문주, 이퍼블릭 2008

저작권법에 따라 한국 내에서 보호받는 저작물이므로 무단전재와 복제를 금지합니다.
이 책의 내용 일부 또는 전부를 재사용하려면 반드시 저작권자와 (주)이퍼블릭 양측의 동의를 얻어야 합니다.
ISBN 978-89-6224-119-8 (74810) 978-89-7331-836-0(세트)

• 사파리는 ㈜이퍼블릭의 유아·아동·청소년 출판 브랜드입니다.
• 36개월 이상 어린이에게 적합한 도서입니다. Printed in Korea
• 책값은 뒤표지에 있습니다.

우리문화 수수께끼
02

터줏대감

••• 유다정 글 ••• 정문주 그림

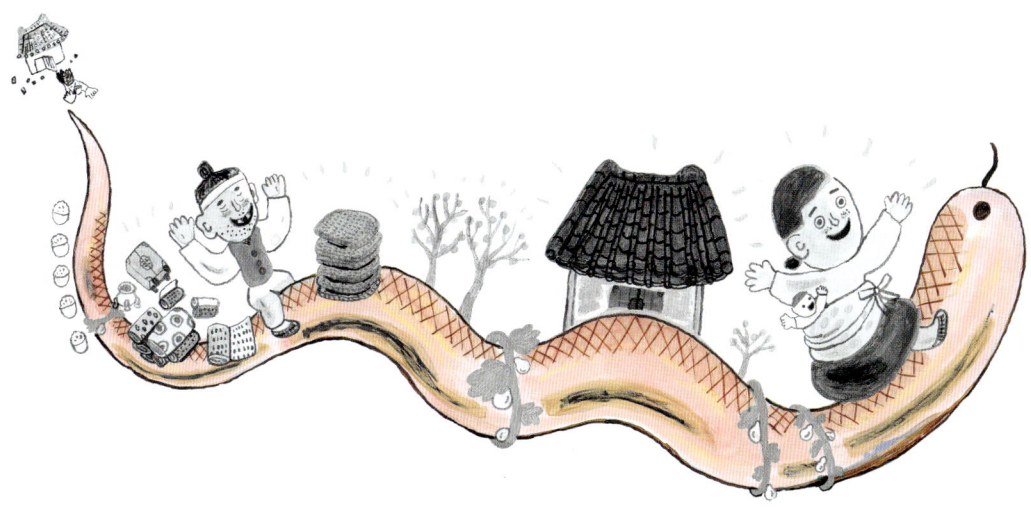

사파리

머리글

집 안 곳곳에서 우리를 지켜 주는 신들

우리 민족은 신석기 시대부터 집을 짓고 살았어. 처음에는 움집을 짓고
살다가 세월이 지나면서 초가집과 기와집에서 살게 되었지.
요즘은 아파트에 사는 사람들이 많아. 이렇게 집의 형태는 달라졌지만
집의 소중함은 옛날이나 지금이나 변함이 없어.
집은 추위와 더위를 막아 주고, 힘들 때 편안히 쉴 수 있는 곳이야.
또 가족과 따뜻한 정을 나누고 우리의 꿈을 키우는 곳이기도 하지.
집은 참 소중하고 중요한 공간이야.

그런데 집 안 곳곳에 우리를 지켜 주는
신들이 있다는 걸 알고 있니?

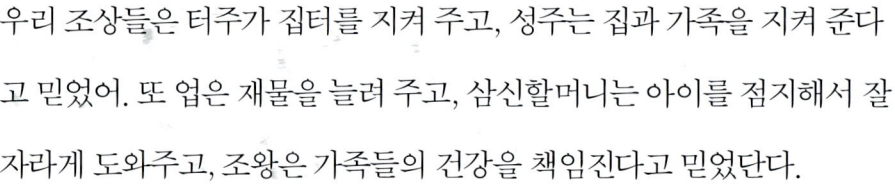

우리 조상들은 터주가 집터를 지켜 주고, 성주는 집과 가족을 지켜 준다
고 믿었어. 또 업은 재물을 늘려 주고, 삼신할머니는 아이를 점지해서 잘
자라게 도와주고, 조왕은 가족들의 건강을 책임진다고 믿었단다.

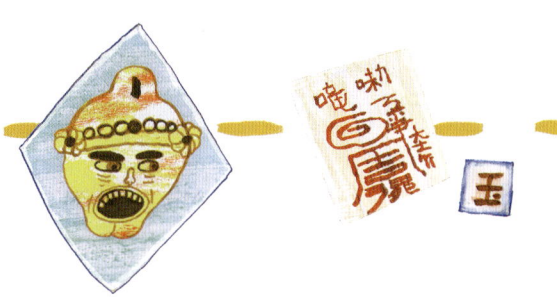

화장실을 지키는 변소각시가 가끔 고약한 성질을 부리기도 하지만 똥떡을 주면 쉽게 마음을 푸니까 걱정하지 않아도 되지.

집 안에 사는 신들을 모시는 일은 주로 집안일을 도맡아 하는 어머니의 몫이었어. 어머니는 종이나 쌀 단지, 정화수 등으로 신체(신을 상징하는 물건)를 만들고 정성껏 모셨단다. 얼마 전까지 새집으로 이사를 하면 정성껏 떡을 만들어 안방, 거실, 부엌, 화장실 등 집 안 곳곳에 올려놓기도 했단다. 이렇게 하면서 집 안의 여러 신에게 가족의 건강과 행복을 빌었지.

자, 그럼 이제부터 집 안 구석구석에 어떤 신들이 살고 있는지 알아볼까?

머리글 · · · · · · 6
집 안 곳곳의 신들 · · · · · · 10

터주 · · · · · · 12

알·고·싶·어·요   안녕하세요? 터줏대감님 · · · · · · 14
　　　　　　　에헴, 내가 바로 터줏대감! · · · · · · 16

성주 · · · · · · 18

으뜸 신이 된 성주 · · · · · · 20
알·고·싶·어·요   성주여, 내리소서! · · · · · · 28
　　　　　　　성주의 여러 가지 모습 · · · · · · 29

삼신할머니 · · · · · · 30

삼신할머니와 대별상 · · · · · · 32
알·고·싶·어·요   삼신할머니와 미역국 · · · · · · 40
　　　　　　　여러 가지 모습의 삼신할머니 · · · · · · 41

조왕 · · · · · · 42

벙어리가 된 조왕 · · · · · · 44
알·고·싶·어·요   수다쟁이 조왕 · · · · · · 50
　　　　　　　불의 신, 조왕! · · · · · · 50

업 52
부자 만드는 뱀 54
알·고·싶·어·요 업님, 부자 되게 해 주세요! 60
여러 가지 업의 모습 61

변소각시 62
알·고·싶·어·요 뒷간에 사는 변소각시 64
뒷간 앞에서 "에헴! 에헴! 에헴!" 66
주당을 풀자! 67

철융, 칠성신 68
뱀이 된 칠성아기 70
알·고·싶·어·요 음식 맛은 장맛! 76
비나이다! 비나이다! 77
수명을 늘려 주는 칠성신 78

수문장신 80
처용 이야기 82
알·고·싶·어·요 대문을 지켜라! 88

집들이 90

집 안 곳곳의 신들

터주

오늘은 복남이네가 새집을 짓는 첫날입니다.

엄마는 큰 밤나무 옆에 상을 놓고 정성스럽게 음식을 올렸습니다.

아빠와 엄마는 마을 사람들과 함께 간절히 기도했습니다.

"터줏대감님, 터줏대감님! 이제 땅을 파고 집을 지으려고 합니다.

부디 아무 탈 없도록 도와주세요."

고사가 끝난 뒤, 복남이가 아빠한테 물었습니다.

"아빠, 터줏대감이 누구예요?"

"터줏대감은 우리 집의 터를 지켜 주는 신이야. 터줏대감이 땅을 잘 지켜 주어야 집안 식구들 모두 평안하고 행복하게 살 수 있단다."

"우아! 그럼 터줏대감한테 한 번 더 절할래요."

복남이는 땅바닥에 넙죽 엎드렸습니다.
아빠와 엄마, 마을 사람들 모두가 크게
웃음을 터뜨렸습니다.

알·고·싶·어·요
안녕하세요? 터줏대감님

'터'는 집을 지을 자리를 뜻하고, 터주는 터를 지켜 주는 신이야. '터줏대감'은 터주를 높여 부르는 말이지. 땅속에는 살아서 꿈틀대는 여러 가지 기운이 있어. 터줏대감은 땅에서 올라오는 나쁜 기운을 막아 주고, 그 집에 사는 사람들이 평안하게 지낼 수 있도록 도와주지. 그러니까 터를 지키는 터줏대감은 땅의 신이라고 할 수 있어.

사람들은 집을 짓기 전에 고사를 지내는데, 그건 땅을 지켜 주는 터줏대감한테 집을 지을 거라는 걸 알리고, 집을 짓는 동안 잘 살펴 달라는 뜻으로 음식을 차려 놓고 비는 거란다.

땅의 신인 터줏대감은 집터뿐만 아니라 논이랑 밭도 기름지게 지켜 준단다. 사람들은 터줏대감이 논이랑 밭을 한번 쓱 둘러보기만 해도 곡식이 잘 자라고 풍년이 든다고 믿었어. 그런데 터줏대감이 화를 낼 때도 있단다. 집 안의 땅을 함부로 파거나, 흙을 아무 데나 바를 경우이지. 그래서 사람들은 땅을 파야 할 일이 생기면 반드시 "이 집에서 흙일을 하겠으니 살펴 주십시오!" 하고 터줏대감한테 먼저 알렸대. 그렇게 하지 않으면 터줏대감이 터를 다스려 주지 않아서 가족이 아프거나 불행한 일이 생길 수 있다고 여겼단다.

그럼! 내가 도와 주고말고

나쁜 기운이 올라오지않아!

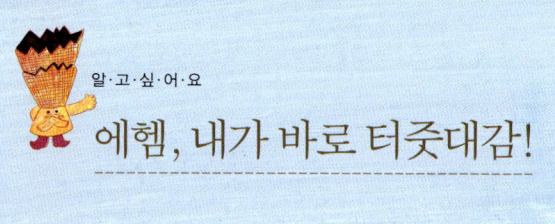

알·고·싶·어·요
에헴, 내가 바로 터줏대감!

터줏대감이 사는 곳은 주로 장독간 모퉁이나 뒤뜰이야. 지역에 따라 터줏대감을 모시는 곳이 조금씩 다르지. 하지만 한 번 모신 자리에서 다른 곳으로 쉽게 옮기지 않는 건 모두 같아. 터줏대감의 신체*는 작은 항아리에 쌀이나 벼를 넣고, 고깔 모양의 짚을 옷처럼 덮어서 만들어. 해마다 음력 10월이면 터줏대감을 위한 터주고사를 지내는데, 이때 짚을 바꿔서 새옷으로 갈아입히지.

*신체 : 신령을 상징하는 신성한 물체

터주항아리 안에는 매해 가을에 추수한 볍씨를 넣어 두는데, 다음 해 옷을 갈아입힐 때 그 볍씨를 꺼내 떡이나 밥을 해 먹어. 그런데 이 떡이나 밥은 다른 사람과 나눠 먹지 않았단다. 터줏대감이 주는 복이 다른 곳으로 빠져나가지 않게 하기 위해서야. 무엇이든 이웃과 함께 나누었던 우리 풍습과는 다른 모습이지? 그만큼 터줏대감을 중요하게 여겼다는 것을 알 수 있어.

오늘날에는 터줏대감이 어떤 단체나 지역에서 가장 오래된 사람을 이르는 뜻으로 쓰이고 있어. 서로 원조라 우기면서 간판에 '터줏대감'이라고 강조해 놓은 걸 보면 터줏대감이 지켜 주기를 바라는 사람들의 마음이 예나 지금이나 같다는 걸 알 수 있단다.

깜짝 상식

'터무늬없다'는 말!

'터무니'는 '터의 무늬'에서 유래한 말이야. 집을 헐면 주춧돌을 놓았던 자리나 기둥을 세웠던 자리가 흔적으로 남게 되지. 아무 흔적이 없다면 그 자리에 무엇이 있었는지 알 수 없을 거야. 그래서 '터의 무늬(자리)'가 없다는 말은 황당해서 도무지 믿을 수 없는 이야기를 들었을 때 '근거가 없다'는 뜻으로 사용한단다.

성주

터주고사를 지낸 다음날부터 터를 닦기 시작했습니다.

높은 곳은 깎아 내고, 낮은 곳은 돋우어 집터를 평평하게 만들었어요.

그리고 터가 단단해지도록 땅을 잘 다졌습니다.

"자! 이제 본격적으로 집을 지어야겠어."

모두들 열심히 일했습니다.

단단하게 다져진 터에 기둥을 받칠 주춧돌을 놓고,

그 위에 기둥을 세웠습니다. 기둥과 기둥을 가로지르는 들보를 얹은 후에는

대들보를 올렸지요. 대들보를 올리는 날에는 무당을

불러 성주를 맞이하는 굿을 벌였습니다.

"성주신이 우리 집을 지켜 줄 거야."

아빠가 복남이에게 다정하게 말했습니다.

복남이네 가족이 모두 건강하고 행복하게 지낼 수 있도록 지켜 주고말고!

으뜸 신이 된 성주

하늘나라에 오랫동안 아기를 갖지 못한 부부가 살았어요.
부인은 날마다 아기를 갖게 해 달라고 기도했어요.
그러던 어느 날 이상한 꿈을 꾸었어요.
꿈에 어떤 사람이 나타나 "그대의 정성에 감동하여 아들을 점지해 줄 테니,
이름을 성주라 하시오!" 하고는 사라져 버린 것입니다.
그날부터 부인의 배가 점점 불러 오더니, 열 달 뒤에 사내아이를 낳았어요.
부부는 아들 이름을 '성주'라 하고, 애지중지 키웠어요.

성주는 열다섯 살에 세상 모든 이치를 알 만큼 지혜롭게 자랐어요.
옥황상제는 이런 성주를 무척 귀하게 여겼지요.

어느 날 성주가 땅을 내려다보니 사람들이 집도 없이
수풀 속에서 살고 있었어요.
"땅으로 내려가 사람들에게 집 짓는 법을 알려 주어야겠어!"
성주는 땅으로 내려갔어요. 하지만 집을 지을 때 필요한
나무들은 모두 산신들이 차지하고 있었어요.
"어떡하지? 나무가 없으면 집을 지을 수 없는데……"
성주는 하늘로 올라가 이러한 사정을 옥황상제에게 고했어요.

그런데 옥황상제는 평소에 성주를 시샘해 오던
간신들의 모함으로 매우 화가 나 있었어요.
"네 이놈! 네가 감히 내 자리를 노리고 있었다니.
당장 땅으로 내려가거라!"
옥황상제는 성주를 땅으로 내쫓았어요.
그리고 성주가 사는 곳에 줄곧 비를 내렸어요.
성주는 흙비 삼 년, 돌 비 삼 년, 눈비 삼 년을 맞으며 살았어요.

성주는 집이 필요하다는 것을 더욱 절실히 느끼게 되었어요.
그래서 억울한 사정을 적은 편지를 새에게 주어 하늘로 날려 보냈어요.

옥황상제는 새가 가져온 편지를 읽고 마침내 오해를 풀었어요.
그리고 성주를 하늘로 불러 솔씨 한 되를 주며 말했어요.
"이 솔씨로 나무를 키워 사람들에게 집을 지어 주거라."
성주는 민둥산에 정성껏 솔씨를 뿌린 뒤 다시 하늘나라로 올라갔어요.
하늘나라에서 성주는 결혼을 하고 자식도 여럿 낳았답니다.

어느 날 성주는 땅을 내려다보면서 소나무가 얼마나 자랐는지 살폈어요.
민둥산에 뿌린 솔씨들은 무럭무럭 자라 아름드리 소나무 숲이
되어 있었어요.

성주는 아들들을 모두 불렀어요.
"애들아, 이제 땅으로 내려가서 사람들에게 집 짓는 법을 알려 주자!"
땅으로 내려온 성주와 아들들은 먼저 집 짓는 데 필요한
도끼, 송곳, 대패, 괭이, 끌 같은 연장을 만들었어요.
그러고는 사람들을 모두 모이게 한 뒤 나무를 자르고
집 짓는 방법을 자세히 알려 주었어요.

그 뒤로 사람들은 비바람을 막아 주는 따뜻한 집에서 행복하게 살게 되었답니다.

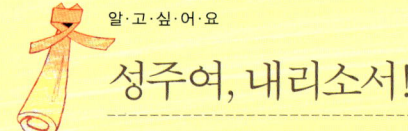

알·고·싶·어·요
성주여, 내리소서!

성주는 집에서 모시는 신들 가운데 최고의 신이야. 성주는 대들보에 살면서 집을 지켜 주고 부자가 되게 해 주는 신이지. 대들보는 기둥과 기둥 사이에 'ㄴ'자 모양으로 올리는 큰 나무를 이르는데, 집이 무너지지 않게 지탱해 주는 중요한 일을 해. 성주는 대들보처럼 집을 평안하게 지켜 주는 역할을 하지.

성주는 다른 신과는 달리 특별히 부르지 않으면 절대 오지 않아. 그래서 사람들은 성주를 모시기 위해 무당을 불러 성주맞이 굿을 한단다.

성주맞이 굿을 할 때에는 무당이 대나무에 흰 종이를 묶어서 만든 성줏대를 들고, "초가집에도 성주가 있고, 기와집에도 성주가 있고, 너와집에도 성주가 있고, 모든 집에 성주가 있으니 이 집에도 성주여, 내리소서!"라고 말하며 빈단다. 성주맞이 굿이 끝나면 성줏대에 묶었던 흰 종이를 풀어서 대들보에 묶어 두고 그것을 성주로 모셨지.

성주는 성격이 점잖아서 시끄러운 걸 아주 싫어해. 그래서 집안에 시끄러운 일이 생기면 말없이 훌쩍 나가 버리기도 한단다. 그러니 정성 들여 부른 성주가 나가지 않도록 집에서 싸우지 않아야겠지?

성주의 여러 가지 모습

성주를 모시는 방법은 지역에 따라 여러 가지이고, 모습도 달라. 대들보에 종이 성주를 달아 놓기도 하고, 단지에 쌀을 넣어 성주 단지를 만들기도 하지. 이렇게 모습은 달라도 가족의 건강과 번창을 바라며 성주를 섬기는 마음은 똑같아. 그런데 이사를 가게 되면 성주는 어떻게 할까? 대들보에 묶어 놓은 종이 성주는 풀어서 집 안에 있는 나무에 매달아 놓는단다. 또 성주 단지 안에 들어 있는 쌀은 꺼내어 밥을 해 먹고, 단지는 산에 묻지. 이사 가서는 성주맞이 굿을 해서 다시 성주를 불러야 해.

상량식

깜짝 상식

집을 지을 때 대들보를 얹고 꼭대기에 마룻대를 올리는 것을 '상량'이라고 해. 옛날부터 상량이 있는 날에는 꼭 고사를 지냈단다. 사람들은 사고 없이 집을 짓고, 가정이 평안하기를 기원했어. 요즘도 건물을 지을 때 지붕 공사를 마치고 난 뒤에는 상량식을 한단다. 상량식이 끝나면 일꾼들과 이웃 사람들은 고사상에 차려진 음식을 나눠 먹으며 즐거운 시간을 보내지.

삼신할머니

사람들은 아침부터 저녁까지 바쁘게 일했습니다.

복남이도 여기저기 다니며 심부름하느라 바빴어요.

"엄마, 여기가 안방이에요?"

"그래, 이제 안방을 꾸밀 거야. 안방은 집 안의 중심이니까

넓고 아늑하게 만들어야 한단다!"

"바닥에 놓은 넓적한 돌들은 다 뭐예요?"

"그건 구들장이야. 구들장을 깔고 그 위에 흙을 발라

방바닥을 만들면 추운 겨울을 따뜻하게 지낼 수 있단다."

복남이는 신기한 듯 구들장을 톡톡 두드려 보았어요.

삼신할머니와 대별상

삼신할머니는 하루에 수만 명의 아기를 점지하고,
수만 명을 태어나게 하느라 늘 바빴어요.
어느 날 삼신할머니가 길을 가다가 아기들에게 마마를 옮기는
대별상과 마주쳤어요.

"대별상님, 아기들에게 제발 마마를 옮기지 말아 주세요."
삼신할머니는 공손히 부탁했어요.
하지만 대별상은 눈을 부릅뜨며 호통을 쳤어요.
"감히 여자가 이래라저래라 하다니! 당장 비키시오."
삼신할머니는 심술궂고 무례한 대별상에게 화가 났어요.

대별상은 삼신할머니 부탁에도 아랑곳없이
아기들에게 마마를 옮겼어요.
아기들은 마마를 앓다가 곰보가 되거나 죽기도 했어요.

화가 난 삼신할머니는 대별상의 부인에게 아기를 점지해 주었어요.
그러고는 열 달이 지나 아기를 낳을 때가 되어도 모른 척했어요.
대별상의 부인은 뱃속에서 쑥쑥 자라는 아기 때문에 숨도
제대로 쉬지 못했어요.

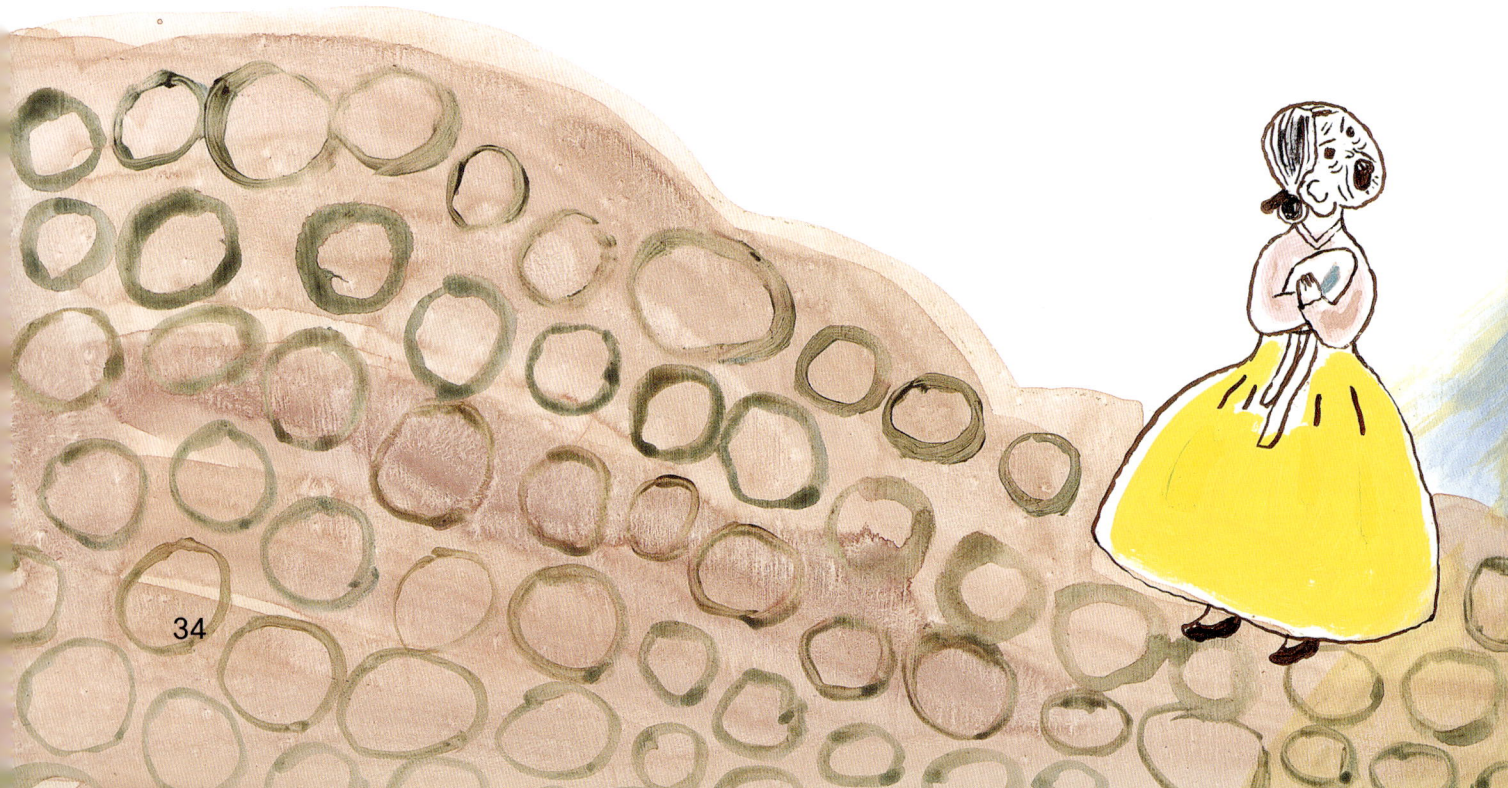

열다섯 달이 지나고, 스무 달이 지나도
삼신할머니는 대별상의 집 근처에는 얼씬도 하지 않았어요.
"제발 삼신할머니를 불러 주세요!"
부인은 남산만큼 커진 배를 부여잡고 남편에게 애원했어요.
대별상은 어쩔 수 없이 삼신할머니를 찾아갔어요.

"지금 아내가 아기를 낳지 못해 죽게
생겼으니 도와주시오!"
대별상의 말에 삼신할머니는 콧방귀를 뀌었어요.
"날 데려가려거든 머리를 깎고, 끝이 뾰족한 고깔을 쓰고,
장삼을 둘러 입고, 맨 버선 바람으로 마당에 엎드려 비시오!"
대별상은 한참을 머뭇거리다 시키는 대로 했어요.
"삼신할머니, 잘못했습니다. 제발 도와주십시오!"

"대별상, 여자라고 나를 무시하더니 꼴이 우습게 되었군요.
나를 데려가려면 내 방에서부터 당신 집까지
고운 명주로 다리를 놓으시오!"
"잘못했습니다. 용서해 주세요."
대별상은 고운 명주로 굽이굽이
긴 다리를 놓으며 간절히 빌었어요.

삼신할머니는 명주 다리를 건너 대별상의 집으로 갔어요.
그러고는 뱃속에 든 아기의 엉덩이를 찰싹 때리며 말했어요.
"아가야, 고생했구나. 어서 나가라!"

"응애 응애 응애!"
드디어 아기가 태어났어요. 대별상과 부인은 정성껏 삼신상을 올리며 삼신할머니께 진심으로 고마워했답니다.

알·고·싶·어·요

삼신할머니와 미역국

삼신할머니는 아기를 점지하고, 그 아기가 건강하게 잘 자라도록 지켜 주는 신이야. 옛날 사람들은 산모와 아기의 건강을 빌고 삼신할머니께 감사 드리기 위해 삼신상을 차렸어. 삼신상은 아기를 밴 순간부터 아기가 태어날 때까지 안방에 차려 두었단다. 삼신상에는 미역국과 밥 그리고 물을 올려놓았어. 아기가 태어난 지 첫이레*, 두 이레, 세 이레 때마다 흰밥과 미역국을 새로 올렸지. 아기가 태어나 백일과 돌이 되면 다시 밥과 미역국을 삼신할머니께 올리고, 여러 가지 음식을 마련해서 잔치를 벌였어. 요즘도 백일과 돌이 되면 잔치를 벌이는데, 여기에는 삼신할머니한테 감사하며 아기가 건강하게 오래오래 살기를 바라는 마음이 담겨 있단다.

삼신할머니께 빌어 볼까?

깜짝상식

"산모의 젖이 잘 돌고 돌아서 콸콸 쏟아지게 하옵소서!
아기가 젖 잘 먹고, 잘 싸고, 잘 놀고, 잘 자고,
호박 밭에 호박 크듯, 오이 밭에 오이 크듯
뿌등뿌등 젖살 올라 무럭무럭 크게 하옵소서!"

*이레 : 일곱 날

그런데 삼신할머니는 어떻게 아기를 태어나게 할까? 예로부터 삼신할머니가 뱃속에 있는 아기의 엉덩이를 찰싹 때려서 아기를 세상으로 내보낸다고 전해져 온단다. 아기 엉덩이에 있는 푸른 몽고반점이 바로 삼신할머니한테 맞은 자국이라는 거지. 몽고반점은 아기가 다섯 살 정도 되면 자연히 없어진단다.

여러 가지 모습의 삼신할머니

삼신할머니의 신체는 주로 아기를 낳는 안방에 만드는데, 지역에 따라 며느리 방에 놓기도 했단다. 보통 쌀을 넣은 단지나 바가지 또는 주머니를 시렁 위에 올려 두고 삼신할머니로 모시거나, 실처럼 명이 길어지라고 단지에 실타래를 감아 두기도 했어. 충청도 지방에서는 주머니 양쪽에 쌀을 넣고 고깔을 씌워 안방 아랫목 구석에 높이 매달아 두었고, 다른 지역에서는 종이를 오려 삼신할머니로 모시기도 했어. 지역에 따라 모습과 섬기는 방식은 조금씩 다르지만, 삼신할머니가 생명을 소중히 여기고 어린이를 가장 사랑하는 신이라는 건 모두 같아.

조왕

안방을 만들고, 작은방, 마루까지
놓았으니 이제 부엌을 정리할 차례입니다.
복남이네 식구들은 시장에서 솥을 사 왔습니다.
아빠는 큰 솥을 지게에 지고, 엄마는 중간 솥을 머리에 이고,
복남이는 작은 솥을 품에 안고 부엌으로 옮겼어요.

엄마는 솥을 깨끗이 닦아 부뚜막에 걸었습니다.
"자, 이제 깨끗하게 정리가 되었으니 조왕을 모셔야겠다."
"엄마, 조왕이 누군데요?"
복남이가 부엌을 둘러보며 물었습니다.
"우리 식구, 밥 잘 먹고 건강하게 지내도록 지켜 주는 부엌신이란다."

벙어리가 된 조왕

옛날, 아주 게으른 며느리가 있었어요.
하루는 며느리가 부엌에서 밥을 하다가 갑자기 오줌이 마려웠어요.
며느리는 뒷간에 가는 게 귀찮아서 부엌 바닥에 오줌을 누었어요.
"쉬~"
부엌을 지키는 조왕은 화가 나서 아궁이 불을 꺼뜨렸어요.
"에그머니나! 이놈의 아궁이가 왜 이래?"
깜짝 놀란 며느리는 아궁이를 발로 차며 투덜거렸어요.

"저런 저런, 나쁜 것. 두고 봐라! 못된 버릇을 고쳐 주마."
조왕은 매해 섣달이 되면 하늘에 올라가 옥황상제님께
자기가 지내는 집 부엌에서 일어난 일을 보고했어요.
올해에는 이 집 며느리의 잘못을 고해바쳐
엄한 벌을 받게 하리라 단단히 마음먹었지요.

얼마 뒤 며느리가 아기를 갖게 되었어요.
시어머니는 며느리가 부엌에서 투덜거리고, 바닥에 오줌을 눈 것까지
모두 알고 있었어요. 시어머니는 걱정이 태산 같았어요.
"조왕님, 철없는 며느리를 너그러이 용서해 주십시오!"

시어머니는 화난 조왕을 달래려고 떡을 만들어 고사를 지냈어요.
하지만 조왕의 마음은 조금도 풀어지지 않았어요.
"어림없는 소리! 못된 며느리가 혼쭐나게 해 줄 테다."
조왕은 하루 빨리 섣달이 되기만을 기다렸어요.

한편, 시어머니는 조왕이 하늘에 올라가 며느리의 잘못을
고해바칠까 봐 걱정이 이만저만이 아니었어요.
"옥황상제님이 아시면 며느리와 뱃속 아기까지 벌을 받을 텐데…….
안 되겠다. 무슨 수를 써야겠어!"
섣달이 되자, 시어머니는 아침 일찍 장에 가서 엿을 잔뜩 사 왔어요.
그러고는 조왕을 붙잡아 두기 위해 부뚜막과 아궁이에
엿을 철떡철떡 발랐어요.

조왕은 엿을 떼어 내고 겨우 아궁이를 빠져나가 하늘로 올라갔어요.
하지만 끈적끈적한 엿 때문에 입이 철썩 붙어 버렸어요.
조왕은 옥황상제님께 말 한마디 하지 못하고 말았어요.

시어머니 덕분에 벌을 면하게 된 며느리는
그 뒤로는 부지런히 일하며 행복하게 살았답니다.

수다쟁이 조왕

조왕은 부엌을 맡아서 돌보는 부엌신이야. 조왕은 매년 섣달이 되면 하늘로 올라가 옥황상제한테 자기가 살고 있는 집에서 일어난 모든 일을 이야기한단다. 옛날 사람들은 조왕한테 미움을 사면 큰 화를 당한다고 생각했어. 그래서 조왕을 화나지 않게 하기 위해 항상 부엌을 깨끗하게 하고, 그 안에서는 함부로 행동하지 않았어. 아궁이에 불을 때면서 나쁜 말을 하거나 부뚜막을 발로 밟거나 그 위에 걸터앉으면 조왕이 화가 나서 옥황상제한테 모두 일러바친다고 생각했거든.

부엌은 사람이 사는 데 꼭 필요한 음식을 만드는 장소야. 그래서 어머니들은 조왕을 더욱 정성껏 섬겼어. 이곳을 지키는 조왕을 잘 모시면 집안 식구들이 건강하고, 집을 떠나 멀리 있는 가족까지 조왕이 잘 지켜 줄 거라고 믿었단다.

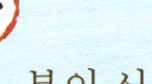

불의 신, 조왕!

조왕은 불의 신이자, 재물의 신이기도 해.

우리나라 사람들은 옛날부터 불씨를 소중히 여겼어. 이사 갈 때에는 화로에 불씨를 담아 가지고 가는 풍습이 있었고, 화로에 불을 꺼뜨린 며느리는 집에서 쫓겨나기도 했을 정도였지. 얼마 전까지만 해도 이사 간 집에 집들이 갈 때에는 성냥을 사 가지고 갔어. 여기에는 성냥으로 소중한 불씨를 일으키고, 살림이 불길처럼 일어나 부자가 되기를 바라는 마음이 담겨 있지. 다른 신들처럼 조왕의 모습도 지역에 따라 조금씩 달라. 어떤 지역에서는 쌀을 담은 항아리나 헝겊 조각, 한지를 접어 조왕으로 모시기도 해. 하지만 대부분은 부뚜막 뒤편에 작은 턱을 만든 뒤 그 위에 깨끗한 물이 담긴 종지를 올려놓고 조왕으로 모신단다. 어머니는 날마다 일찍 일어나 조왕을 모시는 종지에 깨끗한 물을 길어 놓고 기도를 드리는 것으로 하루를 시작했지.
"조왕님, 오늘도 우리 가족이 건강하게 지내도록 보살펴 주십시오!"

알쏭달쏭 두드러기 치료법

깜짝 상식

옛날에는 두드러기가 나면 아이를 부엌에 세워 놓고, 두드러기가 난 부위를 소금으로 문지르고 빗자루로 쓸어내리면서 주문을 외웠대.
"두드러기 씻자, 두드러기 씻자, 두드러기 씻자."
또 초가지붕에 있는 짚을 뽑아다가 태운 연기를 쐬면서 빗자루로 두드러기가 난 부위를 쓸어내리기도 했어. 부엌에서 사용하는 물과 소금을 이용하면 부엌을 지키는 조왕이 두드러기를 낫게 해 준다고 믿었던 거야.

업

안채를 다 짓고 나자, 곳간을 짓기 시작했습니다.
복남이는 곳간을 들락거리며 신이 났습니다.
"엄마, 여기에 곡식이 가득 쌓이면 부자가 되는 거예요?"
"그럼, 곳간에 쌀과 음식이 많이 쌓이면 우리 복남이
갖고 싶은 건 다 사 줄 수 있지."
"정말이요? 와 신난다!
엄마, 심부름할 거 더 없어요?"
복남이는 신이 나서 마당을 뛰어다녔습니다.
아빠와 엄마는 흐뭇한 얼굴로 복남이를
바라보았습니다.

가족들이 모두 열심이네! 나를 잘 모시면 부자되게 해줄거야. 암!

부자 만드는 뱀

옛날에 아주 가난한 부부가 살았어요.
어느 날 남편은 부잣집에서 일을 하고 품삯으로 나무 한 짐을 받았어요.
"겉보리 한 되라도 주면 얼마나 좋아. 나무는 뭐에 쓰나?
쌀이 없으니 불 때서 밥을 하지도 못하는데……."
남편은 집으로 돌아와 마당에 나뭇짐을 부렸어요.
그때 나뭇짐 속에서 뱀 한 마리가 스르륵 기어 나왔어요.

뱀은 텅 빈 곳간으로 들어가더니 자리를 잡고 똬리를
틀었어요. 그것을 본 부인이 깜짝 놀라 소리치며 뛰어나왔어요.
"업이 오셨다!"
부인은 곳간에 들어간 뱀이 업이라는 걸 알고는
급히 정화수를 떠 놓고 고사를 지냈어요.
"업님 업님, 이 곳간에 계시면서 천대 만대 억대로 농사
잘되게 해 주시고, 살림이 불같이 일어나게 해 주십시오."

가난한 부부는 그날부터 갑자기 살림살이가 늘어나더니
얼마 되지 않아 큰 부자가 되었어요.

한편 업이 빠져나온 부잣집은 날이 갈수록 가난해져서
먹을 것까지 구걸하러 다니게 되었답니다.

알·고·싶·어·요

업님, 부자 되게 해 주세요!

업은 곳간에 살면서 재물을 늘려 주는 신이야. 업은 다른 가신들과는 달리 뱀, 두꺼비, 족제비 등과 같은 동물의 모습을 하고 있어. 옛날 사람들은 뱀이 허물을 벗을 때마다 다시 태어나는 거라고 생각했어. 그래서 뱀을 신성하게 여기며 업으로 모시게 된 거지.

업은 예고 없이 어떤 집에 들어가기도 하고 나가기도 해. 그러니까 집에 업이 들어오면 함부로 해치거나 쫓아내면 안 돼. 업구렁이가 곳간에서 마당으로 나오면 어머니는 얼른 쌀과 물을 떠다 구렁이 앞에 놓고 집 밖으로 나가지 말아 달라고 빌었단다. 그래도 업이 곳간으로 들어가지 않으면 머리카락이나 고추씨를 태웠어. 그러면 누린내와 매운 냄새 때문에 구렁이가 다시 곳간으로 들어갔거든.

요즘 사람들은 금두꺼비나 두꺼비 모양의 저금통을 집 안에 두기도 하는데 여기에도 업을 통해 부자가 되길 바라는 마음이 담겨 있어.

여러 가지 업의 모습

업은 그 모양에 따라 부르는 명칭이 조금씩 달라. 구렁이가 업이면 '업구렁이', 두꺼비가 업이면 '업두꺼비', 족제비가 업이면 '업족제비'라고 부르지. 또 소를 키우기 시작하면서 살림살이가 점점 늘어났다면 그 소를 '업소'라고 불렀어.

동물뿐만 아니라 사람을 업으로 삼는 경우도 있어. '업둥이'와 '업며느리'란 말을 들어 본 적 있니? 업둥이는 집 앞에 버려진 아이야. 사람들은 업둥이를 키우면 복이 들어온다고 믿었단다. 또 며느리가 들어와서 집안이 번창하면 그 며느리를 업며느리라고 불렀어.

이 밖에 '업가리'라는 것도 있어. 업가리는 단지 안에 곡식을 넣고 짚을 덮어서 만드는데, 매년 새 짚을 단지 위에 덧입히면 업가리가 점점 더 커진단다. 사람들은 업가리가 자꾸자꾸 커질수록 재물이 많아질 거라고 믿었어. 세월이 지날수록 점점 더 커지는 업가리를 보면서 부자가 되기를 바랐던 거야.

변소각시

아빠는 변소를 지으려고 저녁 늦게까지 땅을 팠습니다.
복남이는 오줌이 마려워 길가에서 바지를 내렸어요.
"복남아, 오줌은 거기 항아리에 눠라."
"여기에요? 에이 더럽게……."
"더럽긴! 이 항아리에 똥오줌을 받아 거름으로 쓸 거야.
똥이나 오줌이 마려우면 반드시 집에 와서 눠야 한다."

"거름이 많아야 농사를 잘 지을 수 있거든. 알았지?"
복남이는 변소에 묻을 항아리에 오줌을 쫄쫄 누었습니다.
"아빠, 그런데 변소는 너무 무서워요. 꼭 귀신이 나올 것 같아요."
"귀신이 나올 수도 있지. 변소에는 성질 고약한 변소각시가 살고 있거든."
"정말이에요?"
복남이는 너무 놀라 뒤로 넘어질 뻔했어요.
"걱정 마라. 변소각시는 여기저기 마구 쏘다니느라 변소에 있는 날이
별로 없어. 매달 6일, 16일, 26일같이 6이 들어간 날에만
변소에 있거든."
"그럼 이제부터 6이 들어간 날에는 변소에 안 갈래요."
"어허, 똥은 매일 눠야지! 변소에 들어갈 때 그 앞에서 미리
기침을 하면 변소각시가 화를 내지 않으니까 걱정하지 않아도 돼."
아빠가 껄껄 웃으며 말했습니다.

알·고·싶·어·요
뒷간에 사는 변소각시

옛날에는 화장실을 '뒷간'이라고 불렀는데, 바닥에 구멍을 뚫거나 항아리를 묻어 그 안에 똥이나 오줌을 누는 형태였어. 뒷간은 어두컴컴하고 냄새도 많이 났어. 그래서 집과 멀리 떨어진 곳에, 특히 음식을 만드는 부엌과 멀리 떨어진 곳에 뒷간을 지었지.

뒷간이 부엌과 멀리 떨어진 데에는 또 다른 비밀이 있어. 옛날 뒷간에는 변소각시라는 신이 살았어. 변소각시는 부엌에 사는 조왕과 사이가 무척 안 좋았대. 변소각시와 조왕 사이에 무슨 일이 있었는지 들어 보면 그 이유를 알게 될거야.

무엇이라고!
주둥이만 살아가지고!

변소

"옛날에 변소각시가 조왕의 남편을 꾀어서 재산을 빼앗았어. 그러고는 조왕의 눈을 멀게 하고, 조왕의 아들들까지 죽이려 했지. 그러다가 조왕의 아들한테 계획을 들키고 만 거야. 변소각시는 복수가 두려워서 변소에 빠져 스스로 목숨을 끊었대."

이런 일이 있었으니 조왕과 변소각시가 원수지간이 될 수밖에 없었지. 부엌과 뒷간을 멀리 떨어뜨려서 짓지 않으면 조왕과 변소각시가 만날 싸우느라 집안이 평안할 날이 없을 거야. "부엌과 뒷간은 멀수록 좋다."는 말도 이렇게 해서 생긴 거란다.

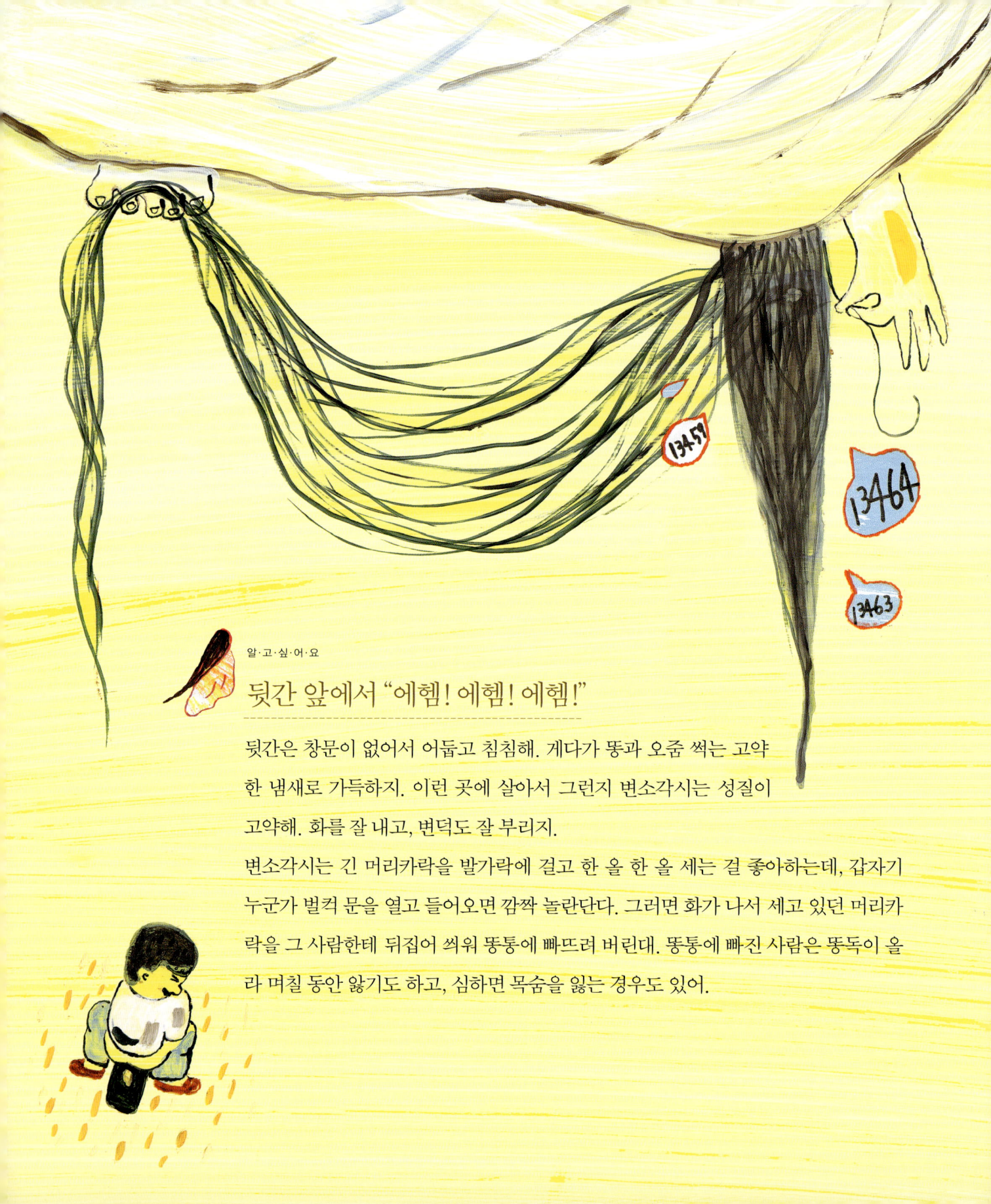

알·고·싶·어·요
뒷간 앞에서 "에헴! 에헴! 에헴!"

뒷간은 창문이 없어서 어둡고 침침해. 게다가 똥과 오줌 썩는 고약한 냄새로 가득하지. 이런 곳에 살아서 그런지 변소각시는 성질이 고약해. 화를 잘 내고, 변덕도 잘 부리지.

변소각시는 긴 머리카락을 발가락에 걸고 한 올 한 올 세는 걸 좋아하는데, 갑자기 누군가 벌컥 문을 열고 들어오면 깜짝 놀란단다. 그러면 화가 나서 세고 있던 머리카락을 그 사람한테 뒤집어 씌워 똥통에 빠뜨려 버린대. 똥통에 빠진 사람은 똥독이 올라 며칠 동안 앓기도 하고, 심하면 목숨을 잃는 경우도 있어.

이렇게 변소각시를 화나게 해서 병이 나는 것을 '주당을 맞았다'고 해. 주당을 맞지 않으려면 뒷간에 들어가기 전에 "에헴! 에헴! 에헴!" 세 번 기침을 해야 해. 그러면 누군가 안에 들어오려는 걸 미리 눈치 챈 변소각시가 머리카락 세던 것을 멈추고 해코지를 하지 않는대.

주당을 풀자!

뒷간 앞에서 세 번 기침하는 것을 깜박 잊어서 주당을 맞으면 얼른 풀어야 해. 빨리 풀지 않으면 병을 앓을 수도 있거든. 주당을 풀 때에는 주당 맞은 사람의 몸을 왼새끼*로 묶고 마당에 짚을 깔아 놓은 뒤 시끄럽게 풍물을 쳤단다. 그러면 요란한 쇳소리에 놀라 귀신이 달아날 거라고 믿었던 거야.

뒷간에 빠진 아이는 깨끗이 씻겨야 해. 그런 다음에는 정성스럽게 떡을 빚어 변소각시에게 바치고 기도를 올렸어. 그리고 마을 사람들과 함께 똥떡을 나눠 먹었단다. 이렇게 하면 변소각시가 화를 풀고, 아이가 건강하게 자랄 수 있게 도와준다고 믿었어.

*왼새끼 : 왼쪽으로 꼰 새끼

철융, 칠성신

오늘은 장독대를 만드는 날입니다.
복남이네 식구들은 냇가로 나가 작은 돌을 주워 왔어요.
그러고는 햇볕이 잘 드는 곳에 장독대를 만들기 시작했습니다.
복남이는 모처럼 할 일이 생겨 신이 났어요.
"복남아, 돌을 판판하게 놓아야지. 아무렇게나 놓으면 항아리가
넘어져 깨진다."

엄마는 복남이가 놓은 돌을 다시 판판하게 놓았습니다.
복남이네 식구들은 작은 돌을 깔아 턱을 만들고,
그 위에 빈 항아리를 갖다 놓았습니다.
"엄마, 이 항아리에 된장 담글 거지요?"
복남이가 엄마 옆에 다가가 아는 체를 했습니다.
"그럼! 된장도 담그고, 간장, 고추장도 담가야지.
장이 맛있어야 음식 맛이 좋은 법이야.

정성을 다하면 철융이 장맛을
좋게 해 줄 거야."
엄마는 항아리를 깨끗이 닦으며 말했습니다.

장맛일랑
걱정말게—
내가 장항아리를
잘 살펴 줄 테니!

그럼그럼!
고림!
올소!

뱀이 된 칠성아기

옛날에 오래도록 아기가 없는 부부가 있었어요.
어느 날 부부는 절에서 기도를 하고 내려오다가 한 점쟁이를 만났어요.
"칠성단을 만들고 칠성제를 지내면 아기를 갖게 될 것이오."
점쟁이는 이렇게 말하고 사라졌어요.

부부는 그날로 장독대에 칠성단을 만들고
밥 일곱 사발, 떡 일곱 쟁반, 촛불 일곱 개를 켜 놓고
일곱 잔의 술을 올리며 기도를 드렸어요.
얼마 후에 부인은 정말로 임신을 했어요.

열 달 뒤 예쁜 딸아이가 태어나자,
부부는 아기를 '칠성아기'라 부르며 애지중지 키웠어요.

어느 날 부부는 잠시 집을 떠나야 할 일이 생겼어요.
칠성아기는 몰래 부모님을 따라가다가 그만 길을 잃고 말았어요.
집으로 돌아온 부부는 칠성아기가 없어진 것을 알고
딸을 찾기 위해 온 나라를 떠돌아다녔어요.
3년이 되던 날, 어머니의 꿈에 칠성아기가 나타나 울며 말했어요.
"어머니, 내일 중이 시주를 받으러 오거든 제가 어디 있는지 물어보세요."

다음날 정말로 중이 나타나자, 부부는 그 중을 다그쳐서
칠성아기가 있는 곳을 알아냈어요.
칠성아기는 머리를 풀어헤친 데다, 임신을 해서 배까지 불룩했어요.
어머니는 칠성아기를 안고 한없이 울었어요.
하지만 아버지는 중의 아기를 가진 칠성아기를
무쇠 상자에 가두어 바다에 띄워 버렸어요.

무쇠 상자는 바다를 떠다니다가 어느 바닷가 마을 여인들에게 발견되었어요.
여인들은 무쇠 상자가 보물 상자인 줄 알고 서로 갖겠다며 싸움을 벌였어요.
그때, 상자 문이 열리더니 뱀 여덟 마리가 나왔어요.
칠성아기가 뱀으로 변하여 일곱 마리 뱀을 낳은 것이었어요.
"에구머니, 뱀이잖아. 징그러워라!"
여인들은 뱀에게 침을 뱉고 돌을 던지고는 각자 집으로 돌아갔어요.
그 뒤로 여인들은 시름시름 앓기 시작했어요.
"손으로 지은 죄, 눈으로 본 죄, 입으로 말한 죄 때문이군!"
마을 점쟁이는 뱀에게 침을 뱉고 욕을 한 것 때문에
여인들이 병이 났다고 했어요.
여인들은 뱀을 위로하기 위해 큰 굿을 벌였어요.
그 뒤 여인들은 병이 낫고, 재산이 늘어나 부자가 되었답니다.

음식 맛은 장맛!

철융은 장독대를 지키는 신으로 장맛을 맛있게 지켜 준단다.

"음식 맛은 장맛이다."라는 말은 다른 음식의 간을 맞추거나 맛을 내는 장맛이 좋아야 음식 맛도 좋다는 뜻이야. 그만큼 된장, 간장, 고추장은 우리 음식의 바탕이라고 할 수 있어. 그래서 어머니들은 장을 담글 때 정성을 다했어. 장을 담는 장독과 장독대도 소중히 여기고 항상 깨끗하게 관리했지. 또 장을 담그기 전에는 먼저 장을 지키는 철융한테 고사를 지냈어. 그러면 철융이 장맛을 더 좋게 해 준다고 믿었던 거지.

장을 담근 뒤에는 나쁜 귀신이 장독 근처에 얼씬거리지 못하게 하기 위해서 장 단지에 금줄을 치고, 한지로 버선본을 떠서 거꾸로 달아 놓았단다.

비나이다! 비나이다!

북두칠성은 국자 모양으로 떠 있는 일곱 개의 별 이름이야. 칠성신은 하늘에 떠 있는 북두칠성을 신으로 모신 거란다. 칠성신은 사람의 수명을 맡아 오래 살게 해 줄 뿐 아니라, 비를 내려 풍년이 들게 하는 재물의 신이기도 해. 어머니들은 새벽에 일어나 장독대에 정화수*를 떠다 놓고 칠성신께 가족의 건강과 복을 빌었어.

"비나이다 비나이다, 칠성님께 비나이다! 우리 식구 아무 탈 없이 잘 지내게 해 주세요!"

그런데 왜 장독대에서 빌었을까? 장독대가 낮에는 햇빛이 잘 들고, 밤에는 달빛이 바로 비추는 곳에 있기 때문이야. 장독대에 깨끗한 정화수를 떠다 놓으면 그 물속에 하늘에 뜬 북두칠성이 비쳤지. 어머니들은 정화수 안에 칠성신을 모셨다고 생각하며 빌었던 거란다.

요즘에는 장독대를 찾아보기 힘들지만, 맑은 날 밤하늘을 보며 칠성신께 소원을 빌어 보는 건 어떨까?

*정화수 : 이른 새벽에 기르는 우물물

수명을 늘려 주는 칠성신

어떤 집에 아들이 하나 있었는데, 하루는 집 앞을 지나던 용한 스님이 아이를 보고 말했어.

"이 아이는 열아홉 살까지밖에 못 살겠군!"

아버지와 아들은 깜짝 놀라 오래 살 수 있는 방법을 가르쳐 달라며 애원했어.

"나는 수명이 길고 짧은 것만 알 뿐이오."

스님은 이렇게 말하고는 그냥 가려고 했어.

"수명이 길고 짧은 것을 안다면, 오래 살 수 있는 방법도 아실 테니 제발 가르쳐 주십시오."

아버지와 아들이 간절히 부탁하자, 스님은 할 수 없이 방법을 말해 주었어.

"내일 남산으로 가면 바둑을 두는 신선들을 만날 것이오. 그 신선들에게 도와 달라 간청해 보시오."

다음날, 아들은 바둑 두는 신선들을 찾아가 도와 달라고 간청했어.
그러나 신선들은 들은 척도 하지 않고 계속 바둑만 두었어.
아들이 포기하지 않고 몇 날 며칠을 계속 부탁하자
두 신선은 하는 수 없이 아이의 수명을 늘려 주기로 했어.

한 신선이 품 안에서 사람의 이름과 수명이 적힌 생명록을 꺼내더니
열아홉 살로 적혀 있는 아이의 수명을 아흔아홉 살로 고쳐 넣었어.
그 뒤로 아들은 열아홉 살을 잘 넘기고, 아흔아홉 살까지
건강하게 잘 살았단다.

아이의 수명을 고쳐 준 신선이 바로 칠성신이야.
사람들은 칠성신을 수명을 맡아 관리하고
늘려 주는 신으로 믿으며 섬겨 왔단다.
'칠성님께 명을 빈다.'는 말도 이런 믿음에서
생겨난 거야.

수문장신

흙으로 담을 쌓는 데에는 꼬박 이틀이나 걸렸습니다.
"이제 대문만 달면 되겠구나."
아빠는 대문을 단 뒤, 그 앞에 무섭게 생긴 그림을
붙여 놓았습니다.
"아빠, 무서운 도깨비 그림을 왜 대문에 붙이는 거예요?"
"도깨비가 아니라 처용이란다. 대문으로는 사람뿐 아니라 영혼이나
귀신도 드나드는데, 이렇게 하면 나쁜 귀신이 들어오지 못하거든."
복남이는 깜짝 놀랐습니다.
"정말요? 그럼 여기도 저기도 다 붙여요."

처용 이야기

아득한 옛날, 처용이라는 사람이 아름다운 부인과 살고 있었어요.
하루는 처용이 밝은 달을 보며 말했어요.
"달이 참 밝구려. 달구경 좀 하고 오리다."
처용은 부인을 두고 혼자 나가 달구경을 하다가
밤늦게 집으로 돌아왔어요.

그런데 집으로 돌아와 보니 댓돌 위에 신발 두 켤레가 놓여 있었어요.
"어, 왜 신발이 두 켤레지?"
처용은 방문을 열고 안으로 들어갔어요.
그랬더니 자기와 똑같은 모습을 한 다른 사람이
부인과 함께 자고 있는 것이었어요.

자세히 보니 그자는 전염병을 옮기는 역신이었어요.
처용의 아내를 보고 반한 역신이
처용의 모습으로 변장한 것이었지요.
"아, 이게 무슨 일이람. 한 사람은 내 아내인데
다른 한 사람은 누구인가?"
처용은 탄식하며 그대로 문을 닫고 바깥으로 나갔어요.
그러고는 노래를 부르며 춤을 추었어요.
"둘이 사이좋게 자고 있으니 어찌하겠는가?
내가 물러나는 수밖에."

역신은 넓은 마음으로 자신을 용서한 처용을 보고
잘못을 뉘우치며 눈물을 흘렸어요.
"제가 잘못했습니다. 앞으로는 절대로 당신 앞에
나타나지 않겠습니다. 당신 모습이 그려진
그림만 보아도 근처에는 얼씬도 하지 않겠습니다."
역신은 처용 앞에 무릎을 꿇고
용서를 빌며 맹세했어요.

그 뒤로 사람들은 처용의 모습을 대문에 그려 붙여 나쁜 신이 집 안으로 들어오지 못하게 하였답니다.

알·고·싶·어·요
대문을 지켜라!

수문장신은 대문을 지키며 나쁜 귀신을 막아 주는 신이야. 대문은 사람들이 드나드는 곳이지만 귀신들이 들어오는 길이기도 해. 사람들은 대문으로 나쁜 귀신이 들어오는 걸 두려워했어. 나쁜 귀신이 대문을 통해 집 안으로 들어오면 식구들이 병에 걸리거나 집안에 안 좋은 일이 생긴다고 믿었거든. 그래서 대문에 수문장신을 모셔서 나쁜 귀신들이 안으로 들어오지 못하게 했지.

수문장신도 다른 신들처럼 지역에 따라 모습이 달라. 대문에 처용 그림을 붙여 놓거나, 특별한 글씨를 써 붙이기도 하고, 소의 코뚜레나 집게발이 달린 게를 달아 놓기도 했어. 각각 모양이 다른 수문장신들은 귀신을 쫓는 방법도 조금씩 달랐지. 어떤 방법이 있었는지 알아볼까?

✢ **입춘대길(立春大吉)** 입춘대길이란 입춘을 맞이하여 좋은 일만 생기길
바란다는 뜻이야. 사람들은 문 앞에 이 글자를 붙여 놓으면서
집 안으로 좋은 기운만 들어오고, 풍년이 들기를 간절히 바랐단다.

✢ **가시로 콕콕!** 엄나무는 가시가 뾰족뾰족 얼기설기 나 있는 나무야.
이 나무를 대문에 걸어 놓으면 대문으로 들어오려던 나쁜 귀신이
엄나무 가시에 찔려 도망칠 것이라고 믿었어.

✢ **코뚜레로 꿰어 버리자!** 코뚜레는 소의 코청을 꿰뚫어 끼는 나무 고리야.
사람들은 코뚜레를 대문에 걸어 놓으면 나쁜 귀신이 코를 꿰일까 봐 두려워
도망칠 거라고 생각했어.

✢ **절대 놓지 않아!** 털이 부숭부숭 난 큰 게는 집게발도 굉장히 커.
큰 집게발을 가진 게를 대문에 걸어 두면 나쁜 귀신이 집 안으로
들어오지 못할 거라고 여겼어. 크고 튼실한 집게발에 한 번 물리면
큰일 날 테니까.

집들이

드디어 집을 다 지었습니다.
복남이네는 좋은 날을 골라 동네 사람들과
친척들을 불러 집들이를 했습니다.
엄마는 돼지머리랑 과일을 사고,
막걸리도 받아 왔지요. 초대된 사람들은
성냥과 휴지 등을 사 가지고
새집을 구경하러 왔습니다.

사람들이 모두 모여 가족의 건강과 풍요를 비는 고사를 지냈습니다.
"하늘땅의 많은 신, 해님과 달님 그리고 집을 지키는 신들이여,
이 집을 두루 살펴 주시어 좋은 일만 깃들게 해 주세요."

나쁜 귀신은 물리치고, 집안일이 술술 풀리게 해 주세요!"
고사가 끝난 뒤 사람들은 모두 함께 신나게 풍물을 치며 축하 잔치를 벌였습니다.

참고 문헌 : 한국의 가정 신앙 상·하, 김명자 외, 민속원, 2005 | 한국의 집지킴이, 김광언, 다락방, 2000 | 민초들의 지킴이 신앙, 김형주, 민속원, 2002 | 한국의 풍속 민간 신앙, 최준식, 이화여자대학교출판부, 2005